TAJIMI CITY
Booklet No. 9

「政策財務」の考え方

—自治体を「倒産」させないために—

加藤 良重

目　次

はじめに

本日の講演会のテーマは、「政策財務と自治体」ということです。政策財務という言葉あるいはその意味するところは、まだまだ広がっておりません。みなさんも聞き慣れていない言葉かと思います。

そこで、本日は「政策財務」の事始めのつもりで、政策財務とはどういう考え方なのか、そして具体的にみなさんが職場あるいは仕事の上でどういうことをやっていったら政策財務の考え方に結びつくのか。わたくしの経験なども交えながら、具体的なところまでふみ込んでみたいと思います。ところで、「政策法務」については、かなりの程度、理解されていると思いますが、実は政策法務と政策財務は一体的にとり組むべきものなのです。そこで、最後の方で政策法務と政策財務のドッキングという形で課題を提起してまとめたいと思っております。

これからお話しする内容は全国的なこと、あるいは東京の市部のことを念頭においたものだということで理解をしておいていただきたいと思います。

したがいまして、多治見市は、西寺市長を先頭にしまして、全国的にも先駆的なとり組みをされております。多治見市では、すでにやっている部分もかなりあるはずです。それはそれでぜひ自信をもっていただきたいと思います。東京には、26市ありますが、全国的にみれば、行政水準もたかいといわれ、財政力も比較的に豊かだとみられております。東京のそういう自治体からみても、多治見市はかなり行政水準がたかいと評価しております。

1　『自治体も「倒産」する』その後

それでは、このような場で、なぜ、わたくしが、「政策財務」についてお話をすることになったのか。自己紹介にあわせて、ふれさせていただきます。

わたくしは、昭和39年、東京オリンピックのあった年、今日ものってきた東海道新幹線が開通した年に、東京の小金井市役所に入所しました。以来、37年間勤務してきました。この間、高度成長経済、オイルショック、バブル経済とその崩壊などの経済環境の変化、人口構造の変化にともなう福祉制度改革、中央集権型の政治・行政システムから地方分権型の政治・行政システムへの転換など日本社会がおおきく変動するなかで、自治体職員として仕事をやってきました。教育、総務、企画、人事、納税などの部署をへて、後半の9年間は福祉職場で、とくにその最後の6年間は福祉保健部長をつとめました。現職最後の2000年度は画期的な分権改革と高齢社会への対応として介護保険制度の導入という得がたい経験もしました。

そして2001年3月の退職をひかえて、退職後しばらく休養するつもりでおりましたが、思いがけず東京都市町村職員研修所で市町村出身の職員から講師を募集するということで、知人のすすめがあって応募したわけです。人材育成には、ずっと以前からつよい関心をもち、現職時代もアフターファイブの時間をつかって、職場で自主勉強会をみずから企画し、実践してきました。

今度は、講師として、人材育成への思いを胸に、みずからの仕事の経験･実践やそれなりに研鑽をつんできたことを伝える役割をもつことになりました。研修所講師も５年間つとめてきましたが、この３月で退任することになりました。講師としては、とくに、自治体政策、政策法務、そして政策財務について勉強する機会をあたえていただきました。正直なところ、退職後にこれだけの勉強をするとは思いもしませんでした。

また、勉強といいますと、東京の市部を中心とした自治体職員と大学教員による自主研究会にも昭和50年代後半の発足当初から参加し、今もつづけていますが、この自主研究会でどれだけおおくのことを学んだか計り知れません。こんな経歴と経験、そしてこの後にお話する財政再建への必死の取組みの経験があります。このようにして、自治体財務あるいは政策財務にかかわりをもってきております。

東京の小金井市といいますと、自治体の財政構造の弾力性をしめす経常収支比率が平成７年度107.0％、平成８年度111.4％という当時全国668市のなかで２年連続して最悪の状態でした。経常収支比率はおおむね70％～80％が望ましいとされ、それをこえた場合には財政構造の弾力性が失われるとされています。

財政構造の弾力性が失われるということは、地方税などの一般財源に余裕がなくなり、新規事業や事業のレベルアップにまわす財源がないということです。このままですと、まさに自治体が「倒産」することになります。財政構造をさらに悪化させて、国の統制下での再建団体の道もあったのですが、何としても、自主的に再建をはかっていこうということで、福祉の分野も聖域視せずに、大変な思いをしながら行財政改革にとり組んできました。職員数の減、給与改定なし、定期昇給の一時停止、職務加算のカット、手当ての大幅削減など職員にとって大変にきびしいものでした。その結果は、**表１**のとおりの成果がでております。最大課題の職員数をへらすことについては、この10年間で、237人、23.1％もの減員です。

表1　小金井市の経常収支比率・職員数等の推移

年度（平成）	6	8	10	12	14	16	17
経常収支比率	105.9	111.4	106.5	101.3	96.1	92.8	—
職員数	1,024	986	915	863	819	796	787
職員１人当り市民数	102	108	118	125	133	139	141
ラスパイレル指数	107.8	107.5	107.5	105.3	102.4	100.2	100.6

注：職員数および職員１人当り市民数は各年４月１日現在

この成果は、平成９年当時の市長を先頭とした管理職者の一丸となった血のにじむような取組みと職員の協力があったればこそできたものです。ただ、ここ２、３年、外からみていて、タガがちょっと緩んでいるのではないかという心配もしておりますが、何とか財政再建の道筋だけはつけてきたのではないかと思っております。わたくしは、この経験を全国に発信する価値があると思って、平成10年に、「自治体も『倒産』する」（公人の友社）という本をだしました。これには全国的な反響がありまして、ＮＨＫも２日間取材にきて、２回、放映され、他のテレビ局や新聞・雑誌でもとり上げられました。

だが、一方で、平成９・10年当時から職員数をどんどん減らしていくなかで、このままでは次には人材不足がくるのではないかという危機感をいだくようになり、「財政危機」の次には「人材危機」が迫ってくるといって、人材育成の必要性をうるさく訴え、みずからも自主勉強会などを実践してきました。人材危機は、組織の存亡にかかわるような重要問題です。この人材育成が今、どこまでできているのであろうかという心配もしております。

2　政策財務とは

「政策財務」にはいっていきます。最初に、そもそも政策財務とは、どのような意味なのか、その枠組み、政策財務という考え方のポイントを三つあげておきます。なお、政策とは、個人で解決困難な公共的課題の解決策のことをいい、理念・方針・基本目標を狭い意味の政策（ポリシー）、基本目標にそった事業のまとまりを施策（プログラム）、個々の具体的な取組みを事業（プロジェクト）または個別施策としておきます。また、自治体経営とは、政策形成（ＰＬＡＮ）→政策実施（ＤＯ）→政策評価（ＳＥＥ）の政策展開をさすものとしておきます。

(1)　財務と財政

第一に、「財務」と「財政」の区別です。これを、松下圭一先生は明確に整理されております。すなわち、「財務」は地方・中央政府レベルでの政策選択をめぐる財源のヤリクリで、いわば支出論・政策論であり、「財政」は地方・中央レベルでの財源の集約・配分問題で、いわば収入論・財源論であるということです。

確かに、これまでの中心的な関心事は、国との関係では自治体への税源移譲、負担金・補助金の獲得、地方交付税の有無・額、起債の可否などであり、自治体内においては税収増や受益者負担などでした。自治体の予算編成では、財源があるから予算をつけ、事業をおこなうということが重視されてきました。だから、国の補助金がつくからということで、必要性のひくい事業をおこなうことすらあったのです。これではだめなのです。まず市民にとって真に必要な施策・事業は何かという選択をし、次にその選択した施策・事業の実施に必要な財源をヤリクリすることが本来のやり方です。そのために、市民は税金を納めているのです。

「財政危機」という言葉がよくつかわれていますが、これは財源不足を主にさしており、収入論・財源論です。もちろん、収入論・財源論も重要なことですが、より重要なことは、市民にとって真に必要とする施策・事業は何かを選択し、それに優先づけをして、財源を配分していくことなのです。このように、財務には政策的な意味合いがあるのですが、政策の視点をよりはっきりさせるために、「政策財務」という概念がだされているといってもいいでしょう。

自治体の仕事の中心は、政策の実施であり、金銭面でみれば予算の執行です。自治体計画書に、基本構想→基本計画→実施計画（実行計画）→予算→執行と書かれていることは、このことをいっているのです。予算とは、政策を金額で表したものなのです。そこで、予算編成において、わが自治体としては、来年度はこれこれの政策を選択し、実施していくという政策選択、そして、その選択した政策にどのような財源―税、国庫支出金、地方債など―をいくら配分していくのかという財源配分をする。このような支出論、いいかえれば政策論を重視するのが政策財務の考え方です。

(2) 政策の実現手段

第二に、財務は、「法務」と同じように、政策を実現するための手段ないし技術であるということです。政策は、具体的に実現されて価値をもちます。自治体は、みずからの政策を具体的に実現・実施するために、毎年度、予算を編成し、議会に提案し、その審議と議決をへて、執行しているのです。そして、その執行結果が決算としてまとめられ、監査委員の監査をへて、議会の認定をうけて、予算執行責任が解除されます。このような予算・決算の過程は、ＰＬＡＮ→ＤＯ→ＳＥＥという政策過程そのものだともいえます。

(3)　自治体経営の柱

第三に、政策を体系化・総合化した自治体計画と政策財務および政策法務の三つは自治体経営の三本柱であるということです。自治体計画、政策法務および政策財務の三つは密接不可分な関係にある、いわば三位一体の関係にあるという関連づけが大事だと思っております。自治体計画は、政策を総合化・体系化し、プログラム化したものです。多治見市の計画を見れば、多治見市の政策がわかります。自治体計画にかかげられている政策を予算、財務という手段を使って実現していく。これはお金の面です。

もう一つの政策法務の中心となる条例の制定は、自治体が市民の権利を制限し、義務を課し、場合によっては罰則をもうけて、特定の政策を実現しようとするものです。条例によって、自治体に権限が付与されるのです。あるいは政策法務では、国法を自主解釈・運用して、自治体政策を実現していきます。さらにいえば、この三つは、自治体を再構築するための不可欠の手段でもあるのです。

以上のような枠組みが、政策財務という考え方のポイントになるものだと考えております。

3　財源縮小期の自治体

次に、なぜ政策財務が最近になって強調されるようになったのでしょうか。現在、自治体の財源の総額は間違いなく縮小しています。財源縮小期の自治体にあっては、政策財務の考え方なくしては、自治体経営そのものが成りたっていかないからです。

これから、総務省の「地方財政白書」と「平成16年度市町村普通会計決算の概要」のなかから抜粋して、市町村の歳入歳出の状況についてみておきましょう。電算化が進んでいることから、平成16年度地方財政決算の概要が13年度よりも4か月早まって出されておりますが、詳細なことは新しい地方財政白書の発行を待たなければなりません。

(1)　縮小する財源

①　ふえない財源

まず、**表2**の「歳入総額」のところをみると、平成12年度52兆8042億円→平成14年度51兆7966億円→平成16年度50兆6500億円と縮小傾向にあることがわかります。これには、所得課税が伸びないということが一つはあります。今後は超高齢社会にむかい、年金生活者もふえると、税収入も当然へってくるわけです。また、最近では地方も県庁所在地を中心に地価の上昇傾向が若干あるようですが、長い目で見ると土地あるいは家屋の評価がさがっていきます。そうなると、固定資産税、都市計画税等の資産税の増収も期待できなくなります。

一方で、地方税がふえる可能性としては、いわゆる国の三位一体改革です。これは、ご存じのとおり、一つには国庫補助負担金をへらし、二つにはそのなかから地方税として税源を移譲する。もう一つが地方交付税の見直しです。この三つを一体的にやっていく。確かに国税を地方税に移すという方向ができてきました。しかし、大枠でいいますと、国の補助負担金をおおむね４兆円程度へらして、おおむね３兆円規模を地方税として移譲するというのですから、地方税の割合はふえるでしょう。しかし、仮に税の割合がふえるとしても、それ以上に国庫補助負担金がへってしまう。あるいは地方交付税の見直しによる総額抑制となれば、地方の財源はさらに縮小します。そういう方向で現にすすんでいるわけです。

表２の市町村普通会計歳入決算額構成比の推移をみても、歳入総額と主要な財源の割合が全体として縮小にむかっていることがわかります。

表２　市町村歳入決算額構成比の推移（主なもの）

	平成12年度	平成13年度	平成14年度	平成15年度	平成16年度
地方税（%）	34.3	34.3	34.4	33.7	34.0
地方交付税（%）	18.9	17.5	16.8	15.8	15.2
国庫支出金（%）	9.1	9.3	9.3	10.2	10.3
地方債（%）	9.3	10.1	11.3	12.1	10.4
歳入総額（億円）	528,042	529,381	517,966	511,958	506,500
うち一般財源	316,538	309,832	294,508	283,338	283,613

②　のこる将来負担

次年度以降における負担がどうなるかということも考えておかなければ

ばなりません。これには、マイナス要因である地方債および債務負担行為の状況、プラス要因である積立金の状況の三つについてみる必要があります。

ア　地方債現在高

自治体のおおきな財源となっているのが自治体の借金である地方債です。**表3**で地方債の現在高の推移をみると、平成12年度の58兆5402億円から平成16年度の61兆5359億円とふくれあがっております。平成16年度地方債現在高は都道府県の79兆20億円をくわえると140兆5380億円となります。

これに16年度末の普通国債残高が499兆円程度となっており、地方債をあわせて640兆円程度という莫大な額になり、これだけでも国民1人当り500万円をこえる計算になります。

財政力の拡充をめざした市町村合併における合併特例債による新たな借金（国負担70%・地方負担30%）は、国と地方の借金をふくらませて、財政破綻をまねく可能性も懸念されます。地方債の元利償還は公債費として次の世代の負担としてのこされます。確実に償還のメドの立てられない地方債の発行は限界にきています。

表3　地方債現在高等の推移（市町村）

	平成12年度	平成13年度	平成14年度	平成15年度	平成16年度
地方債現在高（億円）	585,402	592,829	601,068	613,110	615,359
債務負担行為額（億円）	74,178	70,200	129,162	67,257	66,582
積立金現在高（億円）	108,647	109,345	103,717	99,613	92,488
総人口（千人）	126,926	127,291	127,435	127,619	127,687

注：総人口は総務省「現在推計人口」（10月1日現在）による。

イ　債務負担行為額

自治体は､次年度以降の支出を約束するために債務負担行為をおこなうことができます｡債務負担行為には､数年度にわたる建設工事や土地購入費などで翌年度以降の経費支出が予定されているものと債務保証･損失補償のように債務不履行など一定の事実が発生したときに支出されるものとがあります｡いずれにしても､将来の負担となるもので､平成16年度には6兆6582億円となっています｡

ウ　積立金現在高

自治体は､将来にそなえて積立てをおこなっています｡積立金には､年度間の財源調整をおこなうために積み立てられる財政調整基金､地方債の償還費にあてるために積み立てられる減債基金および特定目的のために積み立てられる特定目的基金があります｡この積立金は､税収その他の財源が年度予算を組むのに不足してきていることから､とり崩されつづけて､平成12年度に10兆8647億円であったものが､平成16年度には9兆2488億円にへっています｡

(2)　財政の硬直化

①　経常収支比率

財源の縮小との関係で､財政の構造的な硬直化を見過ごすことができません｡財政構造の硬直化は､経常収支比率によってみることができます｡自治体の努力によって､平成7年ごろから自治体職員の総数はへっており､人件費はかなり抑えられてきているものの､今でもそのしめる割合はおおきなものになっています｡生活保護をうける人はふえて100万人をこえて生活保護費などの扶助費がふえています｡地方債残高は先程みたとおりの膨大な額で､この元利償還金を公債費として払っていか

なければなりません。人件費、扶助費および公債費が、歳出にしめる割合が依然としておおきいのです。これらの経費は、支払いが義務づけられ、お金がないからといって支払いを免れることのできない義務的経費です。

経常収支比率は、義務的経費のように毎年度、経常的に支出される経費に充当された一般財源が、毎年度、経常的に収入される一般財源などにたいし、どの程度の割合になっているかをしめす指標です。一般財源は、地方税、普通交付税のように使途が特定されておらず、自由につかえる財源です。経常収支比率は、財政の硬直性あるいは弾力性を判断する指標で、一般的に、都市では70%から80%が適正水準とされています。

表4「経常収支比率の推移」をみると、平成12年度の83.6%から平成16年度には90.5%まで上昇し、適正水準をこえています。多治見市の平成16年度の経常収支比率は、77.8%となっており、適正水準にあるわけですね。私がつとめていた小金井市では110をこえていました。

表4　市町村経常収支比率等の推移

	平成12年度	平成13年度	平成14年度	平成15年度	平成16年度
経常収支比率（%）	83.6	84.6 (87.2)	87.4 (92.5)	87.4 (97.0)	90.5 (—)
公債費負担比率（%）	16.3	16.7	17.3	17.5	—

注：経常収支比率の（）内の数値は、減税補てん債および臨時財政対策債を経常一般財源から除いて算出したものである。

〈計算式〉

$$○経常収支比率＝\frac{経常経費充当一般財源}{経常一般財源＋減税補てん債＋臨時財政対策債}\times 100$$

$$○公債費負担比率＝\frac{公債費充当一般財源}{一般財源総額}\times 100$$

これでは新しい仕事ができないだけでなく、現行の施策を維持することすらむずかしくなります。「小金（こがね）」もないとは前市長の言葉です。

この経常収支比率の数値には、（　）書きがくわわっていることに注意が必要です。経常収支比率は、地方税など経常的な一般財源を分母とし、義務的経費など経常的な経費にあてられる一般財源を分子として計算します。分母には、減税補てん債と臨時財政対策債がふくまれているのですが、（　）はそれがのぞかれたものです。減税補てん債と臨時財政対策債は、税収などの財源不足を補てんするための地方債で、その元利償還金相当額全額を後年度の地方交付税の基準財政需要額に算入されることになっていますが、これは将来、交付予定の地方交付税の「先食い」です。これが分母の底上げにつかわれているように思えてなりません。分母がおおきくなり、分子がかわらなければ、数値はさがります。（　）内の数値が実態をあらわしているのではないか考えています。

②　公債費負担比率

公債費負担比率は、地方債の元利償還金等である公債費に充当された一般財源が、一般財源総額にたいし、どの程度の割合になっているかをしめす指標です。公債費がどの程度、一般財源の使途の自由度を制約しているかをみることにより、財政構造の硬直化・弾力性を判断するための指標です。一般的には、15％が警戒ライン、20％が危険ラインとされています。公債費負担比率も**表4**のように平成12年度の16.3％が平成15年度で17. 5％に上昇し、警戒ラインをこえております。

なお、紛らわしいのですが、これとは別に「公債費比率」があり、これは標準財政規模にたいする公債費充当一般財源の割合をしめすもので、財政構造の健全化をおびやかさないためには、10％をこさないことがのぞましいとされています。

4　予算改革

(1)　予算の定義

自治体政策は、金額として予算にあらわされます。そこで、そもそも予算とは何か。この点はすでにお話してありますが、わたくしも研修所で、地方自治法や地方財政制度の講義で、「予算とは一会計年度における収入・支出の見積もりである」と説明してきました。この説明自体は間違いありません。

だが、この説明で予算というものを理解できるでしょうか。

この説明では予算の実体が分かりません。自治体の現場で働く職員として、予算とか決算、あるいは政策などについても、その概念というものは実体でとらえていくべきだと思っています。

すでに定義している方もおりますが、「予算は、政策を金額で表したもの」なのです。いわれてみれば、あたり前のことかもしれませんが、大事なことです。なぜかといいますと、自治体は、市民から選挙でえらばれた代表機関をもった地方政府です。この地方政府である自治体は、選挙と納税という行為による市民の信託にもとづいて政治・行政をおこなっています。

この政治・行政は、自治体の政策・制度というかたちで具体化するわけですが、その政策・制度の実施内容を金額的に表示したものが予算です。このような実体面で予算をとらえていく。これも政策財務の考え方に通じます。

(2)　予算編成手続

一般的におこなわれている予算編成手続についてお話しておきます。

市町村長は、毎年度予算を調製し、議会に提案する権限と責任をもっています。「予算」の「調製」というのは、地方自治法の表現ですが、一般に予算編成といわれ、予算案が議会に提出されるまでの一連の作業の過程・手続のことです。

この過程は、予算編成方針の決定→予算要求→予算査定→予算書の作成の順におこなわれ、その後は、計数の整理をおこない、議案形式にととのえて、議会に提出することになります。予算案作成の中心作業である予算査定は、予算要求の集計→財政担当部門の査定（担当者の査定→部門責任者の査定）→長の査定（内示→復活要求→長の再査定）の手続によっておこなわれ、最終的な予算案が確定します。このような予算編成過程における実態は、予算要求の段階で前年度実績をベースにしながら見積計算と要求書・添付資料などの書類作成に労力をついやし、予算獲得のための水増し操作や関係団体をバックにした要求などもおこなわれてきました。予算査定の段階では、事業担当部門と財政担当部門との予算配分の争いだけでなく、既得権益などにからむ利害関係者・団体や議員などからの要求や圧力がかかり、長の「政治的判断」によって決着することもありました。

なお、予算には、歳入歳出予算のほかに、債務負担行為や地方債などもさだめられます。予算の中心である歳入歳出予算では、歳入については、市町村税、地方交付税、国庫支出金、地方債などのようにその性質にしたがって「款」に大別し、これを「項」に区分し、さらに「目」「節」に細分しています。歳出については、民生費、土木費、教育費、公債費などのようにその目的にしたがって「款」「項」に区分し、さらに「目」「節」に細分しています。

(3) 予算編成方法の改革

ところで、自治体は財源縮小というきびしい環境のなかにあって、予算編成と予算執行にのぞまなければなりません。しかも、2000年分権改革以降においては、自治体は自立した政府として非常に重い財務責任をおわされているという認識が必要です。そこで、予算編成方法がどうあるべきか、その改革について具体的なことを考えてみます。

① 施策別予算の作成

1点目は、施策別予算書の作成です。現行の款・項・目・節別の予算書では、個別施策の人件費をふくめたコストと事業採算があきらかにされません。これでは、財政担当など予算編成にたずさわった一部の職員をのぞいて、市民はもちろんのこと、長・議員また一般職員にも個別施策の内容を把握することができず、その必要性や優先度など判断のしようがありません。ここから、款・項・目・節別の予算書とは別に、一般市民にも個別施策の内容が一見してわかるように人件費をふくめたコストと事業採算をのせた施策別予算書の作成と公開が必要となってきているのです。

また、予算を執行した実績結果である決算書についても、個別施策を評価し、次年度予算に反映させるためにも、施策別決算書が必要になってきます。総務省は、決算統計にもとづいて、自治体の連結バランスシートおよび行政コスト計算書の作成指針を作成・公表していますが、自治体は、独自に、自治体全体の財務実態がわかり、自治体経営に活用できるような一般会計・特別会計・外郭団体の会計を連結した財務諸表（バランスシート・コスト計算書など）を工夫・作成し、公開することも課題となっています。

②　財務情報の公開

２点目は、財務情報の公開・公表です。これは、何も財務にかぎったことでなく、自治体がもっている情報は市民に公開・公表することが基本ですが、ここでは財務情報の公開について考えてみます。

自治体は、地方自治法にもとづく予算の要領、監査結果、決算の要領および財政状況の４つの個別の公表だけでなく、財務情報公開の総合的な取組みをしていくべきです。財務情報は、税の使途にかかわる情報ですので、納税者である市民にはそれを知る権利があります。

ア　洗いざらいの公開

さし当たって2007年度・2008年度から、民間企業もふくめて、いわゆる団塊の世代の大量退職があります。これを調べてみると、団塊の世代の退職者数は、それ以前の２倍、あるいは自治体によっては３倍になります。この人たちに退職金が満額払えるのかという問題があります。これが２年、３年後に迫っているわけです。何人が退職して、どのぐらい退職金が払われるのか。その退職金の財源をどのように手当てするのか。大量退職したあとの職員の穴埋めはどの程度するのか。これらのことを市民に公開すべきです。

実は、それ以前の問題として、ほとんどの自治体で人事あるいは財政部門の一部職員のみぞよく知るという状況です。何となく退職者がおおい、退職金が大変だということで、去年、一昨年あたりから、それを見越して早期退職する職員が全国的には結構いるようです。そんなことではなくて、やはり市民そして職員の前に情報を洗いざらい出していくことです。かりに行政側には不都合と思われる情報であっても、公表していかなければなりません。退職金問題については、後程、くわしく考えてみます。

イ　随時の公表とわかりやすい言葉

次に、財務情報の公表回数は大体きまっているわけです。しかし、市民に知らせるべき情報であれば、適時・随時に公表していくべきです。

公表の文章では、非常にむずかしい専門用語があったり、わかりにくい言葉や表現がつかわれています。とくに財務・財政について、これは職員にもなかなか理解できない部分があります。役所には、業界用語に似たものが結構あります。「住基」(住民基本台帳)、「総計」(総合計画)、「特会」(特別会計)「一財」(一般財源)、「一借り」(一時借入金) などなどです。これらの用語を役所内でしか通用しないお役所用語といっていいかと思いますが、こういう用語を無意識につかっているのです。

一般市民の方は聞いても分かりません。市民参加の審議会・委員会などでも事務局の担当職員が財務・財政をお役所用語や専門用語で説明しますが、一般市民の方は分からなくても質問することをはばかるのです。わたくしは、そのような場面では意味が多少わかっていても、あえてその意味を質問しております。専門用語やむずかしい言葉・表現をわかりやすくして、市民に公開・公表していくかということが重要なことです。

また、予算書自体も一般に理解しにくいものになっていますので、予算説明資料がどうしても必要になります。予算説明資料では、一般市民にわかりやすい用語をつかうこと、事業の概要や積算根拠もあきらかにすること、他自治体との比較ができるようなものとすることなどが必要となります。また、希望する市民への配布やホームページでの提供も欠かせません。

ウ　市民への公開が優先

財務状況の公開・公表の順序について、都道府県や国への報告が優先し、市民への公表は後まわしになっている状況があります。これは逆で、まず市民への公表が優先されるべきだと思います。また、自治体議員のなかには、市民に公表する前に議会に報告しろという意見もありますが、これも違うのではないでしょうか。ところで、内閣は地方財政法にもとづいて「地方財政の状況」（いわゆる地方財政白書）を閣議決定して、国会に報告しています。これは、自治体が議会の認定にかける決算とは別に、毎年度、一般会計と特別会計の決算にもとづき、総務省のさだめた統一した基準と様式にしたがい作成した地方財政状況調査票（決算統計）を集計・分析したものです。ところが、総務省は、すでに、去年11月に平成16年度「地方財政状況」の概要を公表しているのです。また、総務省のホームページで、全国すべての自治体の決算カードが見られるようになっています。

決算カードについては、多治見市の場合はホームページで公表しています。ところが、まだまだ決算カードを積極的に公表しようとしない自治体がおおいのです。なぜなのでしょうか。決算状況報告は国・総務省への報告ということで、職員のなかには「あれは一般市民への公表のために作ったものではない」という認識が強いのです。この認識は改めなければなりません。

このようにして、財務情報の公開をふくめて情報公開は、まず市民への公表・公開を最優先すべきです。なぜ、市民に最優先で公開しなければいけないかというと、とくに財務情報については税の使途、使い道にかかわる情報だからです。市民の納税は信託の意味をもっているわけですから、その税の使途にかかわる情報については当然のこととして市民に知る権利があることになります。

③　スクラップなくしてビルドなし

3点目は、スクラップなくしてビルドなしということです。

現今の財源縮小・財政逼迫の状況下においては、既存施策の内容や経費の使われ方を徹底的に見直して、おもい切って廃止・縮小し、その財源を新たな施策へふり向けることなくしては、予算編成そのものがむずかしくなってきています。徹底的とは、これでもか、これでもかと既存の個別施策をスクラップにスクラップをかさねていくということです。このようにして、財源をうみだし、市民生活にとって新たに必要となった施策のビルドにふり向けていかざるをえません。この点についても、後程、くわしく考えてみます。

④　自治体計画との連動

4点目は、予算と自治体計画との連動ということです。

予算は、基本構想・基本計画を中心とした自治体計画にリンクしたものでなければなりません。基本構想・基本計画は、長期総合計画として10年・5年の長期的な視野から策定されていますが、持続可能な自治体経営のためにも、自治体計画に裏づけられた予算、逆に、計画に裏づけられた予算という関係にすることが重要になっています。

ところで、自治体計画のつくり方自体がおおきく変わってきています。多治見市は、ある大学教授が「多治見市は東京の武蔵野市をこえた」と評しているように、全国的に先駆けた計画づくりにとり組まれています。

従来の自治体計画は、市民からの要望をふくめてハード・ソフトにわたるいろいろな施策を盛りだくさんのせていました。しかし、今は、そういう時代ではありません。財源縮小期で、あれも・これもという時代はとうに過ぎ去っているわけです。わが自治体にとっては、この施策・事業が必要なのか、あの施策・事業が必要なのかという、「あれか・これか」の選択と重点化にもとづいた計画でなければ、計画としての価値をもちません。

自治体計画それ自体が従来とちがい、スクラップ・アンド・ビルドにもとづいた政策・組織・職員の再編による選択と重点化をはかったものでなければなりません。また、自治体計画との関連で複数年度予算の考え方も組みこんでいくことも必要になります。

⑤ 施策根拠の明示

5点目は、根拠にもとづく行政の徹底ということです。

その根拠は、国がつくった法令、自治体がつくった条例・規則、さらに要綱もあります。そこで、予算についても、条例（案）・規則（案）あるいは要綱（案）などの根拠がまず提示される必要があるでしょう。また、原価計算や事業採算をあきらかにした統一シートも必要です。

そういう根拠を提示して、予算要求をするようにしていただきたいのです。予算所管課では、そういう根拠がしめされなければ、予算要求をみとめない、あるいは査定しない、予算にのせないという考え方も必要です。アカウンタビリティーは、もともと予算の執行責任のことをいっています。この根拠に基づく行政は、単なる予算だけではなくてすべての仕事についていえることで、市民への説明責任をはたすための重要な資料ともなるものです。

⑥ 枠配分方式の導入

6点目は、予算の枠配分方式についてです。

これはすでに、おおくの自治体でとり組まれております。従来の積み上げ方式にたいして、枠配分方式の場合はあらかじめ各部に一定の予算枠を配分し、その範囲内で各部門の主体的判断による予算編成をおこなわせるものです。この枠配分方式は、単なる事務の簡素化や財政部門の負担軽減であってはならず、これには庁内分権、すなわち部長等へ予算編成や予算執行の権限移譲をともなわなければなりません。そして、枠配分をするにあたっては、行政評価との連動、行政評価をふまえる必要もあります。

この行政評価あるいは政策評価は、市町村や都道府県で一時ブームになったかのような状況も見うけられましたが、評価の仕事が非常に複雑で、膨大なものになってしまい、目的と手段が逆転し、評価のための仕事になりかねません。果たして政策が市民に役に立ったのか、何が変わったのかを検証するための行政評価です。行政評価を継続していくためには、評価の手法をあまり細分化しないことではないかと思います。また、シンクタンクに頼りすぎないで、それぞれの自治体に合った手法を編みだしていくべきでしょう。

それから、どういう基準にもとづいて評価をするのか。これもたとえば、必要性、効率性、効果性、あるいは重要性、緊急性などがあげられておりますが、これも実際にはよく分かりません。もう少し分かりやすい言葉がつかえないでしょうか。

また、この評価基準に、市民の「満足度」があります。これが、評価基準となるのか、疑問を感じています。この満足度は人によって違ってくるわけです。たとえば、行政サービスの受け手にとっては、安い費用で、いつでも気軽につかえるということでしょう。一般納税者では、なるべくお金をかけない、同じお金をかけるのならばよりおおきな成果をあげるということでしょう。行政と「協働」する自立した市民・市民団体であればなるべく行政が関与しないことでしょう。

⑦　自主財源の確保

７点目に、自主財源の確保です。

政策財務といっても歳入面すなわち財源を軽視するものではありません。とくに、限られた自主財源をどのようにして確保していくかということは、重要な課題です。

ア　税収の確保

まず、自主課税権の活用があります。

2000年分権改革のなかで、法定外普通税にくわえて、法定外目的税が創設されるとともに、法定外税をもうけることが許可制から総務大臣との協議・同意制になりました。しかし、課税の対象となりうるものには、ほとんど課税されていることから、この税源となるものはすくなく、おおくの税収を期待できません。市町村における平成15年度の法定外普通税として砂利採取税などで５自治体の収入が６億１千万円、法定外目的税として遊漁税など４自治体の収入額が５億５千万円です。だが、この法定外税の活用の仕方によって、環境・ごみ減量などへ誘導する有効な政策手段とするができます。知恵のしぼりどころです。

次に、地方税の納付率をたかめることです。地方税の徴収率は、**表５**のとおり下降しており、平成15年度で91.8％台となっております。10

表５　市町村税徴収率の推移

年　度	徴収率（%）
平成10年度	92.5
12年度	92.0
13年度	92.0
14年度	91.8
15年度	91.8

億円の１％は１千万円になります。コンビニエンスストアなどにおける納付窓口の拡大と滞納税の収納体制の強化などが急務です。

さらに、高齢化・大量現役世代のリタイアにともなう税収構造の変化と地方税収入の予測の調査研究も必要になります。

イ　適正な受益者負担

使用料・手数料などの受益者負担については、その適正化がはかられなければなりません。

この場合の基本は、行政サービスは無料であるべきだとの考え方を改めることです。そのうえで、低所得者などへの減免が考慮されるべきです。広がりすぎている減免制度も公益性の観点から真に必要とするものに切りかえていくべきです。

これに関連して、保育需要の増大にともない、その財源のひとつとして保育料の値上げが課題となっています。保育料は、児童福祉法にもとづく独自の負担金であるとされていますが、子育ての社会化、自治体の負担能力、納税市民の理解、子ども・保護者がうける利益、保護者の負担能力など総合的に検討をくわえて、その適正な水準を決定すべきです。なお、保育料の徴収権限は長にあることから、規則でさだめているのが一般的ですが、保護者に負担を課すものであることなどから、条例によってさだめることが適切だろうと考えます。

なお、競馬・競輪・競艇などのいわゆる公営ギャンブルによる収益事業については、売上げが激減しており、経営努力がされているものの、増収を期待できません。きびしい見通しのなかで、事業を廃止するケースもでております。

5　政策選択と財源配分

財源縮小期における自治体が政策選択と重点化をはかるための手立てについて考えてみます。おおきく、個別施策のスクラップと既存制度・仕組みの改革に分けてみます。

(1)　個別施策のスクラップとビルド

スクラップ・アンド・ビルドでは甘すぎます。スクラップ・スクラップ・スクラップ、3段階スクラップした上でのビルドではないかという人もおります。

スクラップする場合には、県レベルですと、たとえばダム事業とか河川事業などのおおきな公共事業を一つやめる、あるいは縮小することによっておおきな財源を生みだすことができます。ところが、一般の市町村ではそんなに何千万円あるいは何百万円もうみ出せるような事業はそんなにありません。そうしますと「ちりも積もれば山となる」方式で、こまかい個別の事業についても徹底的な見直しをしてスクラップをしていくしかありません。それでは、どういう観点からスクラップにとり組むかということで3つあげます。今日、青山企画課長とお話していたなかで、たとえば教育と福祉の課長が一緒に協議をすると、こういう事業はどちらか片方がやればいいなというケースもあるということでした。

第1に、「無駄ではないか」ということで、税財源でまかなう必要のない施策・事業ではないかどうかということです。

第２に、「ダブっていないか」ということで、税財源が重複してつかわれている施策・事業ではないかどうかということです。同じ市町村のなかで二重行政といわれるようなダブリの施策をやっている場合がよくあります。市民向けの講演会などで結構ありますね。

第３に、「時代遅れになっていないか」ということで、時代の変化にあわなくなった老化した施策・事業になっていないかどうかということです。この三つの観点から施策の見直しをする必要があります。これから予算上の経費を切り口として、個別の課題について考えてみましょう。

①　総額抑制の人件費

ア　差し迫った「退職金問題」

人件費については、差し迫った問題として「退職金問題」があります。

東京のある自治体について退職金の試算をしてみました。定年退職予定者は、平成17年度26人→平成18年年度33人→平成19年度38人→平成20年度66人→平成21年度67人→平成22年度64人となっております。平成20年度から平成22年度にかけては、それ以前の約２倍になっています。

この人数に総務省の給与実態調査による職員１人当たりの退職金2,800万円をかけると、平成17年度2800万円×26人＝７億2800万円、平成21年度では2800万円×67人＝18億7600万円になります。このような状況が、全国の自治体にみられます。とり崩しにより退職手当基金の残高もすくない自治体においては、退職金の満額支払のために、市民向けの施策を縮小するという深刻な問題に発展する可能性もでてきているのです。

退職手当に要する経費は、人件費の一つとして義務的経費であり、任意に削減できず、財源がないからといって支払を免れることができません。職員の大量退職時にそなえて、単独または退職手当組合による退職手当基金の積立てを着実におこなってきている自治体はどの位あるでしょうか。その必要性はわかっていながら、毎年度の予算編成で各種基金をとり崩さざるをえない自治体ではその余裕さえなかったというのが実情ではないでしょうか。また、単年度予算で退職金の財源を賄える自治体はどの位あるのでしょうか。

この難題の当面の対応策として次のようなものが考えられますが、いずれも問題をのこすことになります。

その第一は、退職金の割増しをして定年退職前の退職を勧奨することによって退職職員数の年度間の平均化をはかる方法です。だが、この方法はこの数年間における勧奨退職者と定年退職者の総数と財政負担に変わりはなく、場合によっては割増し分相当額が余分な負担になりかねません。また、必要な人材を早期退職によって失うことにもなりかねません。

その第二は、退職金計算のもととなる給料月額の減額、退職手当支給率の引き下げ、退職時特別昇給の廃止、普通昇給の延伸（通常１年に１回）、高齢職員にたいする昇給停止などの給与制度の見直しです。だが、これらの見直しは職員の勤務条件に直接かかわることなので職員組合との協議も必要です。抜本的な見直しには地方公務員法の改正を必要とするので、おのずと限界があります。

その第三は、退職手当の財源を確保するために、退職手当基金のつみ増しです。だが、限られたみじかい期間では大きな効果を期待できませんが、退職基金のつみ増しは職員のモラールに影響することを重視したいところです。

その第四は、職員の給与（給料＋諸手当）は、その全額を一時に支払わなければならないことから退職手当の財源を退職手当基金や単年度予算措置で賄いきれない場合には、最終的には、きびしい条件のもとでの退職手当債の発行に頼らざるをえません。だが、これは、その元利償還が後年度の市民負担としてのこることになります。

それでは、退職金問題の根本的解決のために何をしたらよいのか。

第1に、情報公開です。退職金にかんしては、年度ごとの定年退職見込人員と退職金見込額をあらかじめ把握することができます。また、それをもとにして財源対策を立て、既存・新規の事業や市民サービスへの影響などの予測も可能なはずです。そこで、たとえば全職員の年齢構成を図表でしめしたり、退職金総額とその財源手当などわかりやすい形にして市民に公開するとともに、職員への周知をはかるべきです。市民、議員および長・職員の間で正確な情報を共有することによりわが自治体のあり方を考える機会をもつことになります。

第2に、これを機に、給与制度の抜本的見直しをすることと人材戦略をもつことです。退職金の性質については、判例でも、勤続を報償する趣旨とともに、給与の後払いや生活保障的な性質をあわせもっているものと解されています。ですが、戦後経済の発展のなかで給与改善もつみ重ねられ、現在では本給（給料）だけで一定の生活水準を維持できるようになっており、年金制度も整備されています。したがって、本給（給料）と退職金や期末勤勉手当などの諸手当をふくめた給与総体のあり方を抜本的に見直す時期にきているといえます。

第3に、意識改革から行動改革へと具体的な形をしめすことです。職員給与の原資も信託の意味をもった市民の負担する税金であることを重ねて強調しておきます。職員の意識改革の根本は、この信託ということの認識を徹底し、緊張感をもって仕事にとり組むことです。そして、意識改革は、窓口対応をふくめた行動改革をともなうことによって市民の理解を得ることができます。

第４に、大量退職の後には人材危機が心配されますので、実力本位の思いきった抜擢人事や財務・コンピュータ技術などの知識・経験をもつ中年者の途中採用も積極的におこなっていくべきです。

イ　マイナス改定の給料

人件費の問題で、インフレ期の賃金（給料）とデフレ期の賃金（給料）とは違うんだという本質をついた指摘をうけました。どういうことかと、乏しい経済学の知識しか持ちあわせていない頭で考えてみました。今も、まだデフレからなかなか脱却でききっておりません。

インフレ期の賃金は、その上昇が物価高騰の要因ともなりますが、同時に物価水準にあわせて上がっていきます。一方、デフレ期においては持続的に物価が下落していきますので、従来の賃金水準を維持すると実質賃金が上昇していきます。ということは、そのままにしていきますと企業経営も自治体経営も困難になっていきますので、コスト削減のために賃金を構造的に下げざるをえないわけです。このようにインフレ期とデフレ期の給料のあり方の違いをしっかりと認識しておかなければなりません。

したがって、毎月の給料（本俸）については、マイナス改定もおこなわれるようにもなっていますが、今後は市民の給与所得水準や当該自治体内の民間企業労働者の平均賃金との均衡にも配慮していかなければならないでしょう。また、民間企業が先行する成果主義・実績主義の導入も避けてとおれません。昇給制度についても、特別昇給、昇給期間の短縮、高齢層職員の昇給などの見直しが必要です。

ウ　廃止される各種手当

各種手当については、かつて、低額な毎月の給料の不足をおぎなう意味もありましたが、一定水準の給料（本俸）が確保された時点で、当然、その必要性の見直しがおこなわれなければなりませんでした。調整手当、扶養手当、住居手当、通勤手当、期末・勤勉手当、時間外勤務手当、特殊勤務手当などの各種の手当は、それぞれの性格がちがいます。真に必要とするものに限定し、適正な金額にしなければなりません。

エ 「厚遇」の福利厚生事業

職員の「厚遇」が問題になっています。

わたくしは、昨年、「都市問題」の９月号に税の使途という問題意識で「互助会・退職金問題を考える」という文章を書いております。ところが、刊行物がでた途端に研修所の責任者によばれ、「ここの互助会についても見直しをしている最中で、研修所特別講師の肩書きをつけたこの論文で困っている、配慮ができなかったのか。」といわれました。わたくしは、現在の所属を事実として明らかにしたこと、一般化した内容であることなどを説明し、そして何よりも職員の言論の自由にかかわる発言として黙止できるものではないといって強く抗議しました。互助組織からもすぐに脱会しました。わたくしの身分は講師という非常勤の特別職で地方公務員法の適用をうけていませんが、それなりに言動は律してきているつもりです。最初の方であげました『自治体も「倒産」する』が出版されたときに、議会で「現職の部長が、その肩書きをつけて、このような「書名」の本を出すことはどういうことか」との質問がありました。わたくしも一定の答弁をしましたが、議員のなかから「職員にも言論の自由があり、質問はそこに踏みこみすぎている。」との発言もあり、質問者の意見にとどめられた経験もあります。職員の言論の自由、庁内における言論の自由は、最大限、尊重されなければなりません。

職員の福利厚生のところにもどります。

雇用責任者としての自治体は、地方公務員法にもとづき、職員の保健、元気回復その他厚生事業の計画を樹立し、実施する責任をおっています。これをうけて、自治体は、職員の互助組織などをつくり、職員の会費と自治体の一定割合の費用負担によって福利厚生事業をおこなっています。この互助組織をとおして、公費負担分もあてられて退職時の給付金の支給や私的旅行の補助などがおこなわれてきました。これらは、給与条例主義の抜け道となっていないか。税でまかなう性格のものか。ここでもきびしい点検がもとめられています。

自治体の負担金は、負担金、交付金、助成金などの名目で交付されていますが、その負担割合は、都道府県・政令市についてみると、見直しによるゼロから会費の3倍近くまでとおおきな開きがあります（2005年6月25日時事通信社調査）。

ここでの問題の中心は、互助会の事業内容に照らしてこのような公費負担が適切かどうかです。それと同時に、自治体は「いかなる給与その他の給付も法律又はこれに基づく条例に基づかずに…職員に支給することができない。」とさだめる地方自治法204条の2の給与法定主義に違反しないかどうかということです。とくに、退職時の退会（退職）給付金20万円以上、永年勤続退会記念品10万円相当額となるような場合に、それに公費（税金）がつかわれていることになると、実質的には自治体から直接に支払われる給与の上積であり、脱法行為になるといってもいいでしょう。

また、互助会に関連するものに共済組合のおこなっている福祉事業があります。共済組合の福祉事業として、健康の保持増進事業、保養・宿泊のための施設の経営、財産（住宅・土地など）の取得資金の貸付、貯金の受入れ、生活必需物資の供給などがおこなわれており、互助会事業と重複しているものもあります。この福祉事業に要する費用は地方公務員等共済組合法で組合員の掛金100分の50、自治体の負担金100分の50をもってあてることとされています。

職員の福利厚生事業については、互助会だけでなく共済組合事業をふ

〈人材とは〉

ここで、人材にかんするわたくしの考えていることの一端をのべてみたいと思います。

最近では、自治体でも、民間でつかわれている、「人材」ではなくて、「人財」という用語がつかわれるようになっています。たとえば、東京・三鷹市などがそうです。人材とは、もともと役にたつ人という意味です。それなのに、なぜ、「人財」なのでしょうか。図1のような人材像のイメージ

図1　人材イメージ

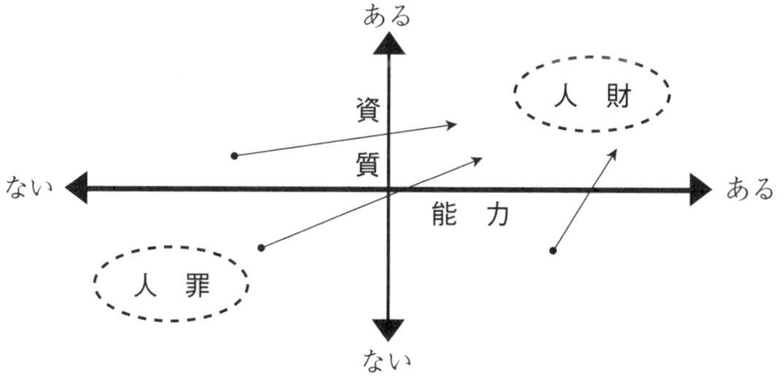

図を描いてみました。縦軸に資質をおき、上の方を「ある」、下の方を「ない」とし、横軸に能力をおき、右の方を「ある」、左の方を「ない」としました。そうしますと、右上の部分が資質と能力をもった力量のある職員で、望ましい職員像の「人財」となります。逆に、左下が必要としない職員像の「人罪」となり、これは典型的には収賄や公金横領などの罪づくりの人で、いてもらっては困る人のことです。さて、みなさんは、この図のどの位置におられるでしょうか。矢印でしめしているように「人財」に向けた努力がもとめられます。

ア　人材（財）の条件

それでは、次に「資質」と「能力」とは、どんなものなのでしょうか。

まず、資質とは、職員がみずからの内に秘めそなえたものであって、外面から見えにくいものです。3つにまとめることができます。

a　身の潔さ（倫理観）

自治体職員として、その職務を全うしていくためには、まず何よりも市民の信頼をえていることが大前提となります。自治体職員は、市民の信託にもとづいて仕事をしているのですから、それに応えるだけの高い倫理観を確立しておかなければなりません。職員の身辺には市民の疑惑をまねくことのないような身の潔癖さがもとめられているのです。

b　熱い思い（使命感）

自治体職員は、むずかしいと思われる仕事であっても、成さねばならぬという使命感と為しとげようとする情熱とをもっていなければなりません。あるいは、「やる気」といってもいいですね。自治体の現場では、往々にして解決が困難と思われる問題に直面することがありますが、熱い思いをもって事にあたっていくと、自ずと道はひらけてくるものです。「為せば成る、為さねば成らぬ何事も、成らぬは人の為さぬなりけり」という、米沢藩第9代藩主であった上杉鷹山の言葉は真実をついています。

c　暖かい心（人権感覚）

自治体職員は、おおくの場面で市民と接しながら仕事をおこなっており、研ぎすまされた人権感覚をもっていなければなりません。市民は、自治体を形づくる主権者であり、自治の主体であって、統治の客体ではありません。また、市民は、行政サービスの権利主体であって、単なるサービスの受益者ではありません。たとえば、行政処分としての「福祉の措置」は、サービスを提供するかどうか、どのようなサービスをどの程度、提供するかなどについて、行政が一方的にきめる仕組みです。ここでは、人権が影をひそめます。市民から苦情などがあったときに、「これだけやってあげているではないか」という、態度で対応してはいなかっただろうか。これは、わたくし自身の反省点です。人権は人間性にふかく根ざすものですから、職員には暖かい心が必要なのです。

〈能力とは〉

次に、能力とは、事をなしとげる力であって、その形が目に見えるものです。やはり3つの内容になります。

a　基礎力

基礎力とは、日常業務を迅速・正確に処理できる能力のことであり、自治体職員として必須の能力です。この能力は、ひらたく言えば、「読み、書き、そろばん」の能力のことです。読むとは、情報を収集・分析・活用することであり、書くとは記録・報告・起案などの文書にすることであり、そろばんとは予算・決算、経理、財産管理などの財務事務を処理することです。基礎力の不足から、仕事上の指摘をうけること、ましてやミスをおかすなどということは恥ずべきことです。自治体職員は、日頃の自己努力と職場における研修によって、基礎力をしっかりと身につけておかなければなりません。

b　総合力

総合力とは、基礎力のうえに、政策・制度、法務、財務などの幅ひろい知識・技術を修得し、応用していく能力です。自治体職員には、総合力をもち、担当職務の専門家であるだけではなく、わが自治体の専門家であることがもとめられております。担当職務に精通するだけではなく、社会経済状況の変動を把握したり、法務や財務にかんする知識・能力も必要とされています。職員は、選り好みや好き嫌いをいってはいられません。苦手の領域にも挑戦し、必要な知識を身につける努力をしていかなければなりません。

c　政策力

政策力とは、政策を企画・立案し、決定権者（長・議会）の決定をへて、政策を実施し、その結果を評価する能力です。「経営力」といってもいいでしょう。自治体政策の最終的な決定権は、議会と首長にありますが、政策の立案、政策の実施に日常的・専属的にたずさわっているのが自治体職員です。

自治体職員には、自治体政策とそれを体系化・総合化した自治体計画を基軸にして、それを政策法務および政策財務に結びつけて展開していくことがもとめられているのです。

図2　職員の能力の階層

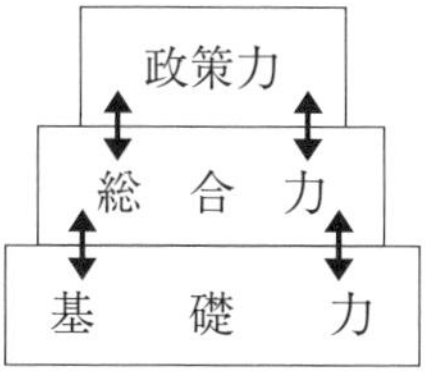

くめてそのあり方を見直す必要があります。

オ　出し惜しみできない研修費

必要な人材育成のために職員の研修費のだし惜しみをしてはいけません。ところで、職員研修費は人材育成のために有効につかわれているでしょうか。研修担当の予算消化が優先されていることはないでしょうか。わたくしも、かつて研修担当の仕事もしておりましたが、予算がついたから何とか消化しなければいけないという使い方をしていることがありました。今では、そのようなことは、許されないはずです。自治体間の競争といわれるようになって久しいのですが、自治体の評価は、人材の有無とその層の厚さによってきまります。人材のいる自治体は、質のよい政策を立案し、実施することができます。そのために自治体職員の力量が問われることになるのです。そこで、自治体は、独自研修の取組み、研修所研修の活用、自治体間交流、大学院・シンクタンクへの研修派遣など、あらゆる機会をとおして、政策、経営、財務、法務などに精通した人材の育成をおこなっていかなければなりません。

そのために、職員参加と市民合意にもとづく人材確保・育成計画による人材戦略をたてることが急務となっています。

②　ふくらむ公債費

表6をみると、公債費の割合が右肩あがりでふえています。おおくの自治体が、バブル崩壊後に地方交付税の第二補助金化と地方債とをセットにした国策としての公共事業に動員され、地方単独事業としてハコモノづくりなどの公共事業をおこない、景気対策の中心的役割をになわされました。その結果が、国と地方の膨大な長期累積債務の急増となっています。国の景気対策に安易にのった自治体の責任も問われますが、それ以上にこれを主導してきた旧自治省・現総務省の責任こそきびしく問

表6　市町村歳出決額構成比の推移（主なもの）

区　分		平成12年度	平成13年度	平成14年度	平成15年度	平成16年度
性質別	人件費	21.7	21.5	21.3	21.3	21.1
	扶助費	9.2	9.8	10.6	12.0	13.1
	公債費	12.2	12.5	13.0	13.2	13.3
	物件費	11.7	12.0	12.4	12.4	12.7
目的別	民生費	20.4	21.2	22.3	24.0	25.3
	土木費	18.9	18.1	17.6	16.9	16.0
	教育費	11.9	11.8	11.7	11.3	11.1
歳出総額		511,610	514,059	504,260	497,846	492,578

われるべきです。今、自治体は、その元利償還である公債費負担の重圧下にあるのです。公債費も義務的経費として、その増大が自治体財政の硬直化をもたらすばかりでなく、次代の納税者市民へのつけ回しになります。一部は借りかえにより急場をしのいでいますが、安易な先送りは許されず、経済成長・税の自然増収を見込めない予測のもとに、きびしい返済を覚悟していかなければなりません。今後、景気の回復によって、利子率があがれば、元利で公債費も雪だるま式にふくらんでいきます。また、今回の市町村合併にあたっての合併特例債についても旧来型のハコモノづくりや道路建設事業などがならぶ例も見うけられます。長期的な予測のもとで元利償還や維持管理の負担に耐えられるものでなければならないでしょう。

③　ふえつづける福祉関係費

平成16年度目的別歳出では、土木費16.0%、教育費11.1%で比率はさがりつづけてきていますが、民生費だけは**表6**のとおり右肩あがりでふえつづけ、25.3%で歳出予算の4分の1をしめるまでになっています。このように、とくに福祉行政分野の経費の増大が市町村において顕著になっています。福祉分野の仕事は、市民にもっとも身近な存在として市町村の仕事に適していることからふえてきています。それで、なかなか経費をへらせないどころか、予算にしめる福祉関係の経費—民生費の金額あるいは割合が年々ふえてきています。福祉保健部長をやっていた当時、議会で「民生費が毎年ふえているけど、担当部長として、民生費の割合はどのぐらいをメドと考えているか。」という質問を何回かうけました。そのたびに、わたくしは「おおむね30%程度」と答えておりました。東京の市では、大体30%をこえており、40パーセントをこえているところもあります。

いずれにしましても、福祉関係の経費としては、高齢化にともなう介護の費用や障害者の自立支援制度の実施に要する費用に相当のお金がかかります。さらに、少子化で子どもがへっているにもかかわらず、とくに保育対策を中心にしながら、次世代育成支援対策という名の下に子ども関係の経費がふえています。このようにして、今でも市町村の福祉関係の仕事はどんどんふえている。

福祉関連の法律の制定や改正も頻繁におこなわれています。先の国会では「高齢者虐待防止法」ができました。この法律にもとづく仕事で、市町村のやることがもっともおおいのです。こういうこともあって、市町村の仕事がふえているのです。この数年の間にも、高齢者介護、障害者自立支援、次世代育成支援などあらたな施策がくわわり、さらに生活保護受給者の増加もあって福祉関係費が増大しています。

自治体は、かつて経済成長と人口増加のもとで税の自然増収をあてることによって、「バラマキ福祉」と批判されるぐらい、独自にさまざま福祉施策を実施してきました。それが、今でも継続しているものがあります。税の自然増収があり、高齢化がそれ程に社会問題化していなかった頃、市民からの要望があればすぐに予算をつけたものが既得権化してしまっているものもあります。わたくしが現職の時、「福祉の切り捨てだ」とのお叱りをうけながら、当時の市長に決断していただいて、敬老金を廃止いたしました。1人あたり5,000円でも1,000人で5,000万円になります。この財源を緊急課題の在宅サービスの整備に回すことにしたのです。ただし、完全廃止できず、77歳などの節目のときに若干の記念品をお渡しするということで妥協しました。当時の該当者全員に市長名で「敬老金を廃止し、その財源を在宅サービスに回す」旨の文書を送りましたが、苦情はほとんどありませんでした。また、ありがたいことに当時の市長は、敬老会や老人クラブなどの行事で「みなさんには申し訳ないのだけど、きびしい財政状況のなかで敬老金をやめさせてもらった」と必ず説明してくれました。

その他に、市直営の障害者と高齢者の共同作業所の運営を社会福祉法人に委託しました。この作業所にはおおいときには5人の市職員を配置していました。直営時には、議員や利用者代表がはいった作業所運営協議会がありましたが、議員である委員などからの大反対の矢面に立たされて苦労もしました。これを社会福祉法人に委託しましたら、むしろ社会福祉法人の職員のほうがノウハウをもっているわけです。しかも若い職員が配置されました。当初、不安をもっていた利用者にもよろこばれました。

このようにして、福祉施策の全体にわたって、ひとつひとつの施策の見直しを必要としています。

また、福祉分野には、地域福祉計画、老人保健福祉計画、障害者計画、次世代育成支援計画などの法定計画がいくつもあります。これらの計画は自治体の長期総合計画である基本構想・基本計画（実施計画）との整合性をはかりながら、個別施策の見直しにもとづいた施策の選択・重点化をはかったものとしなければなりません。

④　「その他」の委託料

これまでの行財政改革は、施策の一部に廃止・縮小があったものの、直営から委託へということが大勢でした。これは、主に人件費の削減をねらったものであり、確かに人件費コストはさがりますが、予算上では職員の給与関係費から委託料にうつるだけです。ただし、直営よりも委託した場合のほうが間違いなくコストが半分とか３分の２削減されることは間違いないわけです。

注意しなければならないことは、委託先の経営努力によるコストの削減は当然のこととして、委託料の金額は、物価や人件費の変動の影響をうけて固定的ではないということです。また、これに関連して委託料にふくまれる従業員の賃金やサービス水準の維持についても十分に考慮しなければならないということです。委託先の従業員、働く人たちの賃金、生活という問題も考える必要があるのではないでしょうか。

もう一つは、何でも安かろう・悪かろうではいけないのであって、むしろ委託することによってサービスを向上させるということが大事な点です。直営では、午前８時半から午後５時までしかできなかったことが、民間委託では午後７時・８時まで時間の延長をすることができます。これ一つとっても、サービスの水準はあがるといえるでしょう。

ここで、総務省の「地方財政状況調査（決算統計）」にふれておきます。

この決算統計では、自治体の経費構造を分析するために、議会費、総務費、民生費などの目的別歳出科目を経済的性質別に集計しなおし、「義務的経費」（人件費・扶助費・公債費）、「投資的経費」（普通建設事業費・災害復旧費・失業対策費）および「その他の経費」（物件費・維持修繕費・補助費等・操出金・積立金など）にわけています。かつては、義務的経費と投資的経費の対比が議論の中心でありましたが、財源縮小期においては「その他の経費」にも注目しなければならず、この区分自体のくみ替えも必要となっています。

⑤ 「公益上必要」な補助金

自治体は、「公益上必要ある場合」には補助金を交付できるという地方自治法232条の２の規定にもとづいて、地域内の各種の団体などにたいして、実にたくさんの種類と総額で多額な補助金を交付しています。この財源のほとんどが、市税などの一般財源です。この補助金の交付をめぐって、住民監査請求と住民訴訟もおおくだされています。

この補助金も既得権化しやすく、いったん、交付すると、その廃止・縮小が大変にむずかしくなることも往々にしてあります。そこで、まず、何をもって「公益上必要ある場合」とするのか、裁量の幅はおおきいので、その基準とルールをつくることが必要です。税の使途にかかわることでもあり、補助金交付の公平性・公正性と透明性がはかられなければなりません。

現状をみますと、補助金の支出は長の権限ですから、どこの自治体でも補助金の執行にかんする手続すなわち補助金の交付申請、交付決定、実績報告などの手続きについて通則的な規則をつくっております。それにくわえて、とくに福祉関係におおいのですが、一つ一つの事業について要綱をさだめております。補助金交付規則には、手続きだけではなくて、補助金の必要性、優先度、補助期限などの基準や原則についても規定をもうけるべきでしょう。補助金交付の原則をふくめて規定している自治体もあります。そして、個別補助金の交付について、市民をふくめた第三者的機関をもうけて、そこでの審査をうけるようにすべきです。なお、最後の方で提起します自治体財務条例に補助金交付の基本原則をのせるべきだと考えております。

⑥　老朽化施設の更新

高度経済成長のころは税の自然増収もあり、自治体によっては、競馬・競輪・競艇などのいわゆる公営ギャンブルによるおおきな収入もありました。そこで、市民の要望などをうけて、ハコモノといわれる公共施設をつくってきました。施設ができれば、そこに職員をはりつけ人件費がかかります。光熱費や維持補修費もかかります。ところが、利用者・入場者の減少によって売上があがらず、そのうえ老朽化してきた施設の改築とか改修をしなければいけないという段階にきております。

そこで、まず、施設を、そのまま維持していくのか、思い切って廃止するのか、縮小するのか、または統合するのか。公の施設からはずして民間に譲渡して、民間にやってもらうか。市民・地域団体の自主管理・運営にまかせるか。あらゆる可能な方法を検討し、実施していく必要があります。また、指定管理者制度もしっかりした方針のもとで活用していくことも必要です。

今後、施設の老朽化にともなう改築・改修には多額の財源を必要とします。これには、施設の老朽化にともなう更新・保全計画を早急につくることです。更新・保全のための基金の積み立ても当然必要になってきます。これが意外とおろそかにされて、手がまわっていないという実態があります。東京のある市では、この公共施設の更新・保全計画をつくって、その財源の目安をきちんつけています。とくに、子どもの急増期には小中学校がたくさん建てられております。まだまだ、耐震補強がのこっていますが、子どもの命にかかわりますので老朽化した校舎の建てかえを先延ばしするわけにはいきません。小中学校の建てかえを最優先した更新計画と財源の手当てが緊急の課題です。

⑦　赤字補てんの操出金

自治体の予算は、一般会計予算が原則とされていますが、特定の事業をおこなう場合などには法律または条例によって特別会計が設置されています。

市町村には、国民健康保険事業、下水道事業、老人保健医療事業、介護保険事業など法律でさだめられた特別会計があります。

特別会計は、国や自治体の法定の公費負担分をのぞいて、受益者負担の原則にもとづき独立採算により運営されるのが本来のあり方です。ところが、特別会計のなかには、とくに国民健康保険事業特別会計に典型的にあらわれているように保険料（税）の引きあげがむずかしいことから赤字穴うめなどのために市町村が法定負担をこえる多額の操出をおこなっています。これが、自治体の財政悪化の一要因になっています。このような特別会計については、県段階への事業移管も課題ですが、受益者負担原則にもとづく独立採算の考え方を徹底し、一般会計からの操出金を抑制していくべきです。

表7　国民健康保険事業会計への操出金の推移 単位：百万円

平成12年度	平成13年度	平成14年度	平成15年度
959,856	989,328	1,035,727	1,150,517

⑧　へる積立金（各種基金）

自治体は、平成にはいってから、地方税の減収を補うために、それまでに積みたててきた各種基金をとり崩して、予算編成をおこなってきました。その結果、前にあげた**表3**のように積立金現在高は、へっています。自治体によっては、基金残高が激減し、枯渇しているという状況すら見うけられます。これでは、柔軟な財政運営に支障を生じかねません。そこで、基金の積みましがおこなわれるようになっていますが、予算執行においても、徹底した経費の削減・節約をおこない、毎年度、剰余金の一定額の積立てをおこなっていくべきです。また、新たに公共施設の更新・保全計画にあわせた基金の設置も必要です。計上した予算はつかいきるという時代はおわっているのです。

(2)　既存制度・仕組みの再編

既存制度・仕組みの改革として、入札制度の改革と外郭団体・広域組織の再編の二つについて取りあげます。

①　入札制度の改革

入札制度の改革では、談合をいかに排除して、公正・透明な仕組みとしていくかが中心課題です。

公共工事の契約をめぐって、職員が議員などの口ききにより競争入札情報を事前にもらしたり、その見返りに賄賂をうけとったり、その情報をもとに業者が談合する事件が跡をたちません。まさに、「政官業」の癒着が自治体にもはびこっています。

問題の核心は、落札業者が、談合により入札価格を不正に水増し、入札→落札→請負→代金受領して、自治体に正当な価格との差額について実質的な損害を生じさせていることです。自治体の予定価格にたいする実際の落札金額の割合を落札率といいますが、この落札率が100%近いと不正入札の疑があります。なかには100%ということもあります。

自治体がおこなう契約については、その透明性と公正性を向上させ、不正行為の余地をなくすことが急務となっています。そのために、契約方法の原則である一般競争入札の適用範囲を拡大すること、予定価格・入札結果など事前・事後の入札情報の公表、入札評価・監視のための第三者機関の設置などによる入札改革をおこなわなければなりません。あわせて、税の使途にかんすることですから、納税者からの住民監査請求・住民訴訟をまつまでもなく、自治体は、不正な請負業者にたいして損害賠償をもとめる訴訟も辞さずというきびしい姿勢でのぞむ必要があります。

②　外郭団体・広域組織の再編

外郭団体と広域組織については、一般市民との間には距離があり、市民の監視の目が届きにくいという問題があります。職員の派遣や天下りについての実態も明らかになっておりません。

要は、これも税の使途にかかわることです。

ア　第三セクター

自治体は、民間の経営能力と資金の活用をはかるため、みずからも出資・出捐して、社団・財団法人、株式会社など第三セクターを設立してきました。

第三セクターの設立の背景には、自治体独自の必要性だけでなく、バブル景気への甘い期待もあり、国の無責任な計画の押しつけもありました。このため、その後のバブル崩壊・景気低迷のなかで、赤字をかかえて経営難に陥り、あるいは倒産するところさえもでてきています。第三セクターについては、出資団体の役割分担・責任の不明確さ、自治体の必要以上の資金負担、首脳陣の経営能力と出向スタッフの主体的・積極的な取組みの欠如などが問題とされてきました。果たして自治体が参入すべき事業分野なのか、参入する場合の役割分担・責任範囲はどこまでなのか、企業ノウハウをいかせるのかなどの観点から、その存廃をふくめた整理・見直しが必要となっています。

イ　公　社

土地開発公社については、公共用地の先行取得としてバブル期に購入した土地が、未使用のまま「塩漬け」になっているものもあります。

おお幅に価格の下落した土地であっても、購入借入金の元利償還金を返済していかなければなりませんし、最終的な責任は自治体がおわなければなりません。

また、土地開発公社の設立当初とは経済社会状況がおおきく変わっていることをふまえると、公社事体の存在理由がすでになくなっているようにも考えられます。さしあたって、公社の経営・財務情報の一般市民への公開の徹底、公社会計と一般会計・特別会計との連結決算などが必要です。住宅供給公社についても、ほぼ同等のことがいえるでしょう。

ウ　広域行政組織

自治体は、広域行政に対応するために、相互の協力組織として、一部事務組合、広域連合などを必要におうじてつくり、共同事業をおこなってきています。この組織は、構成自治体の負担金や分賦金によってその経費が賄われています。地方行政独立法人などの新たな仕組みができてきているなかで、従来の広域行政組織についても、事業の見直しとともに、廃止・統合・再編への取組みも必要になってきています。

市町村だけで構成されている一部事務組合への都道府県の現職・ＯＢの派遣などについては、厳格かつ適切な基準をもうけるべきです。また、構成自治体からの派遣や固有職員の状況などをふくめて、その運用の実態とあわせて公開すべきです。

6　自治体財務条例の制定を

最後に、自治体財務法の構築です。「法」には、国法だけでなく、自治体法もふくまれます。これは、これからさらに研究していかなければならない課題です。

(1)　規律密度の高い財務法令

自治体の仕事についてことこまかくきめた国の法令を規律密度の高い、あるいは濃い法令といっておりますが、財務関係の法令はその規律密度の高い法令のひとつです。

介護保険法令も、この種の法令のひとつで、介護保険の仕事は自治事務といいながら、介護保険法と政省令で細部までがきめられています。

自治体の予算制度は、旧憲法の「会計」を引きついだ現憲法の「財政」の規定をうけた「財政法」・「会計法」および「予算決算及び会計令」（予決令）にもとづく国の財政制度を倣ったものです。それが地方自治法および地方自治法施行令・地方自治法施行規則に細部にわたって規定されています。

地方自治法では、会計年度独立の原則、総計予算主義の原則、予算公開の原則などの予算原則、会計年度、会計区分（一般会計・特別会計）、歳入歳出予算区分（科目）、予算の内容、予算の種類（当初予算・補正予算・暫定予算）、収入（地方税・使用料・手数料・地方債など）、支出（支出負担行為・支出の方法など）および決算などについて規定しています。

同法施行令では、地方自治法の規定をうけて、会計年度所属区分、予算説明書の種類・内容、長の予算執行手続などについて規定し、さらに同法施行規則において、予算編成の様式、款項目節の区分内容、予算説明書の様式、決算の様式などについて規定しています。

地方自治法以外に自治体財務を規律している国法には、地方財政法、地方税法、地方公営企業法、地方交付税法などがあります。

地方自治法には、本来、憲法に規定する「地方自治の本旨」にそって、地方自治の大枠ないし全国基準をさだめ、それ以外の事項はできる限り条例にゆだねるべきです。現に、地方自治法1条では、「この法律は、地方自治の本旨に基づいて、…（中略）…地方公共団体の組織及び運営に関する事項の大綱を定め、…。」としています。ところが、いまお話ししたように地方自治法は、同法施行令および同法施行規則とあいまって、自治体財務にかんしても細部にわたり規定をもうけて、自治体を統制・拘束しています。いわゆる規律密度の高い法令のまま2000年分権改革後ものこっているのです。

図3が現行の自治体財務にかんする法体系です。私事になりますが、長男が今、名古屋に住んでいます。その長男が学生のころ、「お父さん、憲法105条には何と書いてある？」ときかれたことがあります。一瞬つまってしまいました。日本国憲法は103条までですよね。そんなことを思いだしまして、地方自治法は何か条あるかご存知でしょうか。地方自治法は地方自治にかんして大綱をさだめるとしておきながら、最後の条文は第321条です。ところが、昭和22年の制定以来、何回も改正をかさね、廃止された条文もありますが、つけくわえられた条文の方がはるかにおおいのです。ざっと数えてみたら、450か条ぐらいになり、地方財務にかんする規定が、60か条以上あります。政省令も同じような状

況で、施行令が330か条以上で財務関係の条文が約80か条もあり、施行規則の全条文が約50か条で財務関係が10数か条あります。

このように自治体の財務にかんしては、国の法令が細部にわたって規定し、統制していることから、自治体法である条例・規則による独自の取組みは弱いものとなっています。

条例についてみると、地方自治法243条の3第1項の規定にもとづき財政状況の公表について条例をさだめることとされていますので、全国一律の「財政状況の公表に関する条例」が制定されている程度です。また、規則については、予算の編成および執行にかんして、地方自治法施行令などにもとづいて「予算事務規則」を制定し、現金の出納その他の会計事務にかんしては、「会計事務規則」を制定していますが、いずれもその内容はほぼ全国一律のものとなっています。

図3　現行の自治体財務法体系

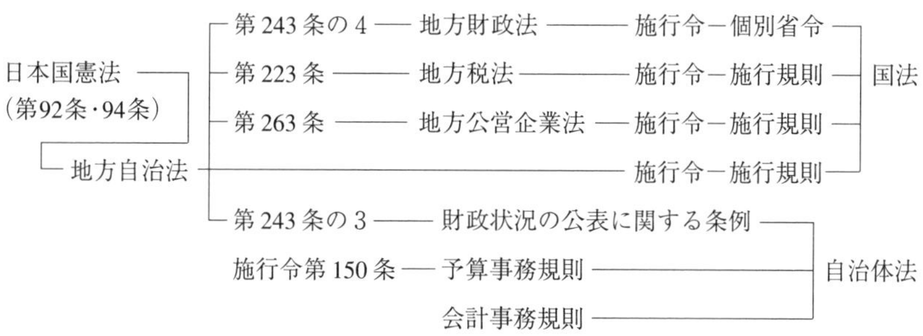

(2)　自治体財務条例の制定

2000年分権改革による自治権の拡充と国の関与の廃止・縮小にともなって、自治解釈権および自治立法権の範囲が拡大しています。自治体は、財政逼迫を自治・分権型への自治体再構築の好機としてとらえ、その柱となる自治体財務の展開のために自治体法としての自治体財務法の構築を提起しておきます。

ここが、いってみれば、政策法務と政策財務のドッキングの部分です。

日本国憲法では、国の財政についての基本原則をさだめていますが、自治体の財務・財政についての直接的な規定はありません。憲法93条では、自治体の組織および運営にかんする事項(ひろく自治体にかんする事項をふくむものと解されています。)は、地方自治の本旨にもとづいて、法律でさだめるものとし、この規定にもとづいて地方自治にかんする事項の大綱をさだめる基本法として地方自治法が制定されています。しかし、先程、みてきたように、財務にかんする規定をふくめて地方自治法は「大綱」とはいいがたく、細部にわたる規定をもうけています。

したがいまして、根本的な問題解決には、地方自治法をはじめとする国法の改正を必要とします。そして、真に自治・分権化をはかっていくためには、現行の地方自治法にかえて、自治の理念・枠組み・全国基準をさだめる「自治体基本法」の制定がのぞまれます。その規定事項としては、地方自治の本旨の内容、自治体の政治・行政が市民の信託にもとづくものであること、基礎自治体優先の補完性原則、国と自治体の役割分担、税財源の分配などを盛りこむことが考えられます。これは、国法の改革課題であり、憲法改正論議のなかの論点にもなります。

ところで、自治体には、日本国憲法94条によって自治行政および自治立法を内容とする自治権が保障されています。そこで、現行法制のもとにあっても、自治体は憲法の保障する自治行政権および自治立法権にもとづいて、自治体財務法を構築し、政策展開にむすびつけていけるはずです。

その第一は、自治体の憲法と位置づけられ、自治体の最高法規としての〈自治体基本条例〉の制定です。自治体基本条例には、自治体運営の理念・基本原則および政策・制度の基本枠組みがさだめられことになりますが、自治体財務にかんする規定として、予算編成原則・執行原則や財務情報の公開にかんする規定の他に地方自治法や地方財政法に規定する基本原則もとりいれるべきでしょう。

第二に、基本条例を未制定の自治体にあっても、現行の財政状況の公表に関する条例や予算規則・決算事務規則を見直すことによって、自治体財務にかんする総合的な条例を制定することができます。現行の財務にかんする条例は、非常に貧弱で、財政状況の公表にかんする条例の他に地方税条例がありますが、税条例は地方税法をそのまま受けた内容です。予算の編成権と執行権は、長の権限ですから、その権限にぞくする事務にかんしては規則を制定できることになっていますが、予算はその歳入が市民の負担である税を基幹財源としており、その歳出が行政サービスを内容とする個別施策に配分されるものですから、市民の権利義務に重要なかかわりをもっています。したがって、2000年分権改革で明確にされた地方自治法14条1項の義務を課し、または権利を制限する場合には条例によらなければならないとする規定の趣旨からも、予算にかんする基本的事項についても、条例化することが望まれます。

図4　新しい自治体財務法体系イメージ

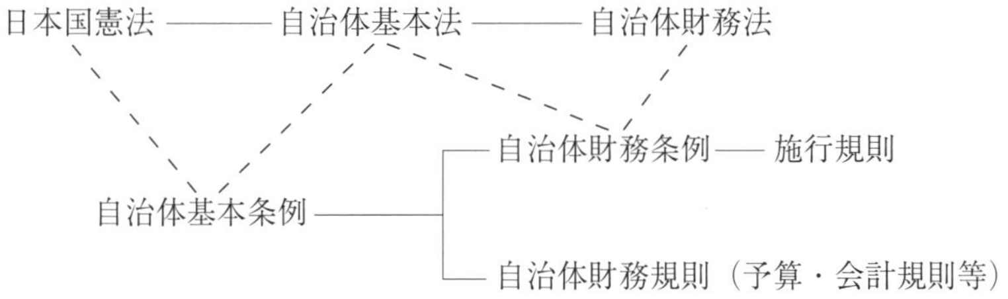

第三に、2000年分権改革の意義を再確認し、現行の自治体財務法令の自主解釈・運用をはかっていくことです。これまでにお話ししました、予算編成、財務情報の公開、契約などがそれです。

時間をだいぶオーバーしてしまいました、あるいはもう分かっているところも結構お話ししたかと思いますが、政策財務の基本的な考え方やこれを具体的にどのように展開していったらいいのかということを理解していただけたら幸いです。多岐にわたる話になりましたが、これで終わらせていただきます。長い時間ご清聴ありがとうございました。
（拍手）

TAJIMI CITY Booklet No. 9

「政策財務」の考え方　―自治体を「倒産」させないために―

２００６年３月１０日　初版発行　　　定価（本体１，０００円＋税）

著　者　　加藤　良重

企　画　　多治見市役所人事秘書課

発行人　　武内　英晴

発行所　　公人の友社

〒112-0002　東京都文京区小石川５－２６－８

ＴＥＬ ０３－３８１１－５７０１

ＦＡＸ ０３－３８１１－５７９５

振替　００１４０－９－３７７７３

メールアドレス　koujin@alpha.ocn.ne.jp

著者紹介

加藤　良重（かとう・よししげ）

一九四〇年山梨県生まれ。一九六四年明治大学法学部卒業、同年東京・小金井市役所入所。

学務課、総務課、職員課、企画課、納税課、高齢福祉課を経て、一九九五年から福祉保健部長をつとめ、二〇〇一年定年退職。現在、東京都市町村職員研修所特別講師、法政大学法学部兼任講師、立川市行財政問題審議会委員など。

著書・論文に、『基礎自治体の福祉政策』、『自治体も「倒産」する』『政策法務の基礎』（以上、公人の友社）、『高齢者介護手続きマニュアル』（共編著・新日本法規出版）、『政策法務と自治体』（共編著・日本評論社））、『自治体行政の転換と必然性』（「自治体の先端行政」学陽書房）、『自治体財政と減量経営』（「自治体の施策と費用」学陽書房）、『福祉政策の論点』『「協働」する自治体職員』（「自治体改革」３・９巻、ぎょうせい）などがある。

刊行にあたって

少子高齢社会の進展、団塊の世代のリタイアによって勤労者世代が著しく減少することは、社会全体に大きな影響を与えます。自治体の財政を見ても、これに伴う税収減や福祉経費の増大が予想され、多治見市においても市政運営上ますます厳しい状況に直面していきます。

近い将来、財政面で機能不全に陥り、実質的には倒産する自治体も出てくると考えられます。このような認識に基づき、経営意識を持って自治体運営を変革していくことが求められています。

右肩上がりの時代が終わった今日、自治体は「あれも、これも」といった政策決定が不可能な時代に突入しました。むしろ、「あれか、これか」といった政策選択を迫られています。それをサポートしていく上で、市の資産、債務、経営体力などを把握し、限られた財源を有効に活用して政策の実現を図る「政策財務」という新しい視点を確立することが急務となっています。

また、自治体の経営体力を把握していく重要性が高まってきており、市の経営について市民の皆さんにわかりやすい形で公表していくことが、求められています。

こうしたことから、そのスタートとして、東京都市町村職員研修所特別講師の加藤良重先生をお招きして、「政策財務」に関する御講演をいただき、どのように取り組むべきかということを御教示いただきました。

その内容を多くの皆様と共有していくため、今般、公人の友社からブックレットを出版することとなりました。この冊子が、多くの皆様にとって自治体運営を考える上で参考となりますことを願うとともに、多くの読者の方々からの御意見、御感想をいただければ幸いです。

平成十八年三月十日

多治見市長　西寺　雅也

No.34
中心市街地の活性化に向けて
山梨学院大学行政研究センター
1,200円

No.35
自治体企業会計導入の戦略
高寄昇三　1,100円

No.36
行政基本条例の理論と実際
神原勝・佐藤克廣・辻道雅宣
1,100円

No.37
市民文化と自治体文化戦略
松下圭一　800円

No.38
まちづくりの新たな潮流
山梨学院大学行政研究センター
1,200円

No.39
ディスカッション・三重の改革
中村征之・大森彌　1,200円

No40
政務調査費
宮沢昭夫　800円

朝日カルチャーセンター
地方自治講座ブックレット

No.1
自治体経営と政策評価
山本清　1,000円

No.2
ガバメント・ガバナンスと
行政評価システム
星野芳昭　1,000円

No.4
政策法務は地方自治の柱づくり
辻山幸宣　1,000円

No.5
政策法務がゆく！
北村喜宣　1,000円

政策・法務基礎シリーズ
―東京都市町村職員研修所編

No.1
これだけは知っておきたい
自治立法の基礎
600円

No.2
これだけは知っておきたい
政策法務の基礎
800円

地域ガバナンスシステム・
シリーズ
（龍谷大学地域人材・公共政策開発システム
オープン・リサーチ・センター企画・編集）

No.1
地域人材を育てる
自治体研修改革
土山希美枝　900円

No.2
公共政策教育と認証評価シス
テム―日米の現状と課題―
坂本勝　編著　1,100円

No.3
暮らしに根ざした心地良い
まち
野呂昭彦・逢坂誠二・関原剛・
吉本哲郎・白石克孝・堀尾正靱
1,100円

No.103
自治体基本条例の理論と方法
神原勝　1,100円

No.104
働き方で地域を変える
～フィンランド福祉国家の取り組み
山田眞知子　800円

《平成17年度》

No.107
三位一体改革と自治体財政
岡本全勝・山本邦彦・北良治・逢坂誠二・川村喜芳　1,000円

「地方自治ジャーナル」ブックレット

No.2
政策課題研究の研修マニュアル
首都圏政策研究・研修研究会
1,359円

No.3
使い捨ての熱帯林
熱帯雨林保護法律家リーグ　971円

No.4
自治体職員世直し志士論
村瀬誠　971円

No.5
行政と企業は文化支援で何ができるか
日本文化行政研究会　1,166円

No.7
パブリックアート入門
竹田直樹　1,166円

No.8
市民的公共と自治
今井照　1,166円

No.9
ボランティアを始める前に
佐野章二　777円

No.10
自治体職員の能力
自治体職員能力研究会　971円

No.11
パブリックアートは幸せか
山岡義典　1,166円

No.12
市民がになう自治体公務
パートタイム公務員論研究会
1,359円

No.13
行政改革を考える
山梨学院大学行政研究センター
1,166円

No.14
上流文化圏からの挑戦
山梨学院大学行政研究センター
1,166円

No.15
市民自治と直接民主制
高寄昇三　951円

No.16
議会と議員立法
上田章・五十嵐敬喜　1,600円

No.17
分権段階の自治体と政策法務
松下圭一他　1,456円

No.18
地方分権と補助金改革
高寄昇三　1,200円

No.19
分権化時代の広域行政
山梨学院大学行政研究センター
1,200円

No.20
あなたのまちの学級編成と地方分権
田嶋義介　1,200円

No.21
自治体も倒産する
加藤良重　1,000円

No.22
ボランティア活動の進展と自治体の役割
山梨学院大学行政研究センター
1,200円

No.23
新版・2時間で学べる「介護保険」
加藤良重　800円

No.24
男女平等社会の実現と自治体の役割
山梨学院大学行政研究センター
1,200円

No.25
市民がつくる東京の環境・公害条例
市民案をつくる会　1,000円

No.26
東京都の「外形標準課税」はなぜ正当なのか
青木宗明・神田誠司　1,000円

No.27
少子高齢化社会における福祉のあり方
山梨学院大学行政研究センター
1,200円

No.28
財政再建団体
橋本行史　1,000円

No.29
交付税の解体と再編成
高寄昇三　1,000円

No30
町村議会の活性化
山梨学院大学行政研究センター
1,200円

No.31
地方分権と法定外税
外川伸一　800円

No.32
東京都銀行税判決と課税自主権
高寄昇三　1,000円

No.33
都市型社会と防衛論争
松下圭一　900円

No.60
転型期自治体の発想と手法
松下圭一　900円

No.61
分権の可能性
スコットランドと北海道
山口二郎　600円

No.62
機能重視型政策の分析過程と
財務情報
宮脇淳　800円

No.63
自治体の広域連携
佐藤克廣　900円

No.64
分権時代における地域経営
見野全　700円

No.65
町村合併は住民自治の区域の
変更である。
森啓　800円

No.66
自治体学のすすめ
田村明　900円

No.67
市民・行政・議会のパートナー
シップを目指して
松山哲男　700円

No.69
新地方自治法と自治体の自立
井川博　900円

No.70
分権型社会の地方財政
神野直彦　1,000円

No.71
自然と共生した町づくり
宮崎県・綾町
森山喜代香　700円

No.72
情報共有と自治体改革
ニセコ町からの報告
片山健也　1,000円

《平成13年度》

No.73
地域民主主義の活性化と
自治体改革
山口二郎　600円

No74
分権は市民への権限委譲
上原公子　1,000円

No.75
今、なぜ合併か
瀬戸亀男　800円

No.76
市町村合併をめぐる状況分析
小西砂千夫　800円

No.78
ポスト公共事業社会と自治体
政策
五十嵐敬喜　800円

No.80
自治体人事政策の改革
森啓　800円

《平成14年度》

No.82
地域通貨と地域自治
西部忠　900円

No.83
北海道経済の戦略と戦術
宮脇淳　800円

No.84
地域おこしを考える視点
矢作弘　700円

No.87
北海道行政基本条例論
神原勝　1,100円

No.90
「協働」の思想と体制
森啓　800円

No.91
協働のまちづくり
三鷹市の様々な取組みから
秋元政三　700円

《平成15年度》

No.92
シビル・ミニマム再考
ベンチマークとマニフェスト
松下圭一　900円

No.93
市町村合併の財政論
高木　健二　800円

No.95
市町村行政改革の方向性
～ガバナンスとＮＰＭのあいだ
佐藤克廣　800円

No.96
創造都市と日本社会の再生
佐々木雅幸　800円

No.97
地方政治の活性化と地域政策
山口二郎　800円

No.98
多治見市の政策策定と政策実行
西寺雅也　800円

No.99
自治体の政策形成力
森啓　700円

《平成16年度》

No100
自治体再構築の市民戦略
松下圭一　900円

No.101
維持可能な社会と自治
～『公害』から『地球環境』へ
宮本憲一　900円

No.102
道州制の論点と北海道
佐藤克廣　1,000円

No.23
産業廃棄物と法
畠山武道 ［品切れ］

No.25
自治体の施策原価と事業別予算
小口進一 600円

No.26
地方分権と地方財政
横山純一 ［品切れ］

《平成10年度》

No.27
比較してみる地方自治
田口晃・山口二郎 ［品切れ］

No.28
議会改革とまちづくり
森啓 400円

No.29
自治の課題とこれから
逢坂誠二 ［品切れ］

No.30
内発的発展による地域産業の振興
保母武彦 600円

No.31
地域の産業をどう育てるか
金井一頼 600円

No.32
金融改革と地方自治体
宮脇淳 600円

No.33
ローカルデモクラシーの統治能力
山口二郎 400円

No.34
政策立案過程への「戦略計画」手法の導入
佐藤克廣 500円

No.35
98サマーセミナーから「変革の時」の自治を考える
神原昭子・磯田憲一・大和田建太郎
600円

No.36
地方自治のシステム改革
辻山幸宣 400円

No.37
分権時代の政策法務
礒崎初仁 600円

No.38
地方分権と法解釈の自治
兼子仁 400円

No.39
市民的自治思想の基礎
今井弘道 500円

No.40
自治基本条例への展望
辻道雅宣 500円

No.41
少子高齢社会と自治体の福祉法務
加藤良重 400円

《平成11年度》

No.42
改革の主体は現場にあり
山田孝夫 900円

No.43
自治と分権の政治学
鳴海正泰 1,100円

No.44
公共政策と住民参加
宮本憲一 1,100円

No.45
農業を基軸としたまちづくり
小林康雄 800円

No.46
これからの北海道農業とまちづくり
篠田久雄 800円

No.47
自治の中に自治を求めて
佐藤 守 1,000円

No.48
介護保険は何を変えるのか
池田省三 1,100円

No.49
介護保険と広域連合
大西幸雄 1,000円

No.50
自治体職員の政策水準
森啓 1,100円

No.51
分権型社会と条例づくり
篠原 一 1,000円

No.52
自治体における政策評価の課題
佐藤克廣 1,000円

No.53
小さな町の議員と自治体
室崎正之 900円

No.54
地方自治を実現するために法が果たすべきこと
木佐茂男 ［未刊］

No.55
改正地方自治法とアカウンタビリティ
鈴木庸夫 1,200円

No.56
財政運営と公会計制度
宮脇淳 1,100円

No.57
自治体職員の意識改革を如何にして進めるか
林嘉男 1,000円

《平成12年度》

No.59
環境自治体とＩＳＯ
畠山武道 700円

公人の友社のブックレット一覧

（06.2.20 現在）

TAJIMI CITY ブックレット

No.2
転型期の自治体計画づくり
松下圭一　1,000円

No.3
これからの行政活動と財政
西尾勝　1,000円

No.4
構造改革時代の手続的公正と第2次分権改革
手続的公正の心理学から
鈴木庸夫　1,000円

No.5
自治基本条例はなぜ必要か
辻山幸宣　1,000円

No.6
自治のかたち法務のすがた
政策法務の構造と考え方
天野巡一　1,100円

No.7
自治体再構築における行政組織と職員の将来像
今井照　1,100円

No.8
持続可能な地域社会のデザイン
植田和弘　1,000円

No.9
政策財務の考え方
加藤良重　1,000円

「地方自治土曜講座」ブックレット

《平成7年度》

No.1
現代自治の条件と課題
神原勝　900円

No.2
自治体の政策研究
森啓　600円

No.3
現代政治と地方分権
山口二郎　[品切れ]

No.4
行政手続と市民参加
畠山武道　[品切れ]

No.5
成熟型社会の地方自治像
間島正秀　500円

No.6
自治体法務とは何か
木佐茂男　[品切れ]

No.7
自治と参加アメリカの事例から
佐藤克廣　[品切れ]

No.8
政策開発の現場から
小林 勝彦・大石和也・川村喜芳
[品切れ]

《平成8年度》

No.9
まちづくり・国づくり
五十嵐広三・西尾六七　500円

No.10
自治体デモクラシーと政策形成
山口二郎　500円

No.11
自治体理論とは何か
森啓　600円

No.12
池田サマーセミナーから
間島正秀・福士明・田口晃　500円

No.13
憲法と地方自治
中村睦男・佐藤克廣　500円

No.14
まちづくりの現場から
斎藤外一・宮嶋望　500円

No.15
環境問題と当事者
畠山武道・相内俊一　[品切れ]

No.16
情報化時代とまちづくり
千葉純・笹谷幸一　[品切れ]

No.17
市民自治の制度開発
神原勝　500円

《平成9年度》

No.18
行政の文化化
森啓　600円

No.19
政策法学と条例
阿倍泰隆　[品切れ]

No.20
政策法務と自治体
岡田行雄　[品切れ]

No.21
分権時代の自治体経営
北良治・佐藤克廣・大久保尚孝
600円

No.22
地方分権推進委員会勧告とこれからの地方自治
西尾勝　500円